Book Review I numéro 4

PÈRE RICHE, PÈRE PAUVRE
DE ROBERT KIYOSAKI

— L'éducation financière
selon un millionnaire

par Myriam M'Barki

50MINUTES

DEVENIR RICHE
NE S'APPREND PAS À L'ÉCOLE

Véritable phénomène mondial, le livre *Père riche, père pauvre* bouleverse les codes de l'économie et amène une pensée révolutionnaire visant à sortir du piège financier qui nous emprisonne tout au long de notre vie et que l'auteur appelle « la foire de l'empoigne ». Best-seller au succès tant critique que populaire, l'ouvrage s'est vendu à 15 millions d'exemplaires, est étudié dans les écoles de commerce et a fait l'objet de nombreuses analyses techniques depuis sa sortie en librairie. L'intérêt majeur de ce livre repose sur la réussite spectaculaire de son auteur qui a su, en l'espace de dix ans, construire un empire financier suffisamment rentable pour qu'il puisse fructifier par lui-même sur plusieurs générations.

Pour Robert Kiyosaki, l'accès à la richesse repose sur quelques principes fondamentaux, souvent négligés, qui sont à la portée de tous et facilement accessibles pour qui veut s'émanciper financièrement. En effet, les parents issus de la classe moyenne ou pauvre ont tendance à inculquer à leurs enfants des valeurs liées à la réussite scolaire, mais aucune éducation n'est donnée pour les domaines ayant trait à la gestion financière, ni dans le cadre familial ni dans l'environnement scolaire. Par conséquent, le savoir des personnes riches quant aux rudiments de l'investissement n'est jamais partagé, ce qui entraîne un fossé toujours plus grand entre les classes sociales.

Les jeunes passent des années à étudier des matières obsolètes qui ne leur serviront pas à affronter le monde d'aujourd'hui. Les gens travaillent dur, sans relâche, pour finalement se retrouver avec des biens qui ne valent plus grand-chose à la fin de leur vie. L'enfant de notre époque a besoin d'un enseignement plus subtil, plus raffiné et doit être formé à prendre des risques. L'idée est de se détacher du conditionnement communément admis par la société et d'apprendre à mettre l'argent à son service et non pas de travailler au service de l'argent.

À travers le livre, on entrevoit la volonté de l'auteur de partager ses clés de réussite en donnant des conseils avisés et en expliquant, par diverses théories, que la détermination, la créativité, l'audace et le niveau d'intelligence financière peuvent mener à la richesse et à la limitation des risques liés à l'investissement.

QUELQUES DONNÉES

- **Référence ?** KIYOSAKI (Robert T.), *Père riche, père pauvre. Ce que les parents riches enseignent à leurs enfants à propos de l'argent afin qu'il soit à leur service* (*Rich Dad, Poor Dad*), Québec, Un Monde Différent, 2001.
- **1re édition ?** 1997 (auto-édition)
- **Auteurs ?**
  - Robert T. Kiyosaki, homme d'affaires, investisseur, conférencier et auteur, né en 1947 à Hawaii (États-Unis).
  - Sharon L. Lechter, femme d'affaires, investisseuse, conférencière et auteure, née en 1954
- **Courant ?** Développement personnel, gestion des finances personnelles.
- **Mots-clés ?**
  - **« Foire de l'empoigne » ou piège à rats** : concept imaginé par Kiyosaki, qui détermine le conditionnement social dans lequel nous nous trouvons dès notre plus jeune âge. La société nous impose des modes de vie et des manières de penser calquées les unes sur les autres ne favorisant pas l'individualité propre. Cette « foire de l'empoigne » empêche en quelque sorte de penser l'argent différemment et ne met pas en valeur la notion de l'investissement.
  - **Cash-flow** : terme qui désigne le flux d'argent liquide généré par les activités d'une société. Dans ce livre, ce terme renvoie à la marge brute d'autofinancement qu'une personne possède et qui est disponible pour l'investissement.

MISE EN CONTEXTE

L'AUTEUR

Enfance

Robert Kiyosaki, le principal auteur et protagoniste du livre, voit le jour à Hilo dans l'État d'Hawaii (États-Unis) en 1947, d'un père et d'une mère d'origine américano-japonaise. Il passe son enfance dans un quartier calme et tranquille. Dès son plus jeune âge, au contact de ses camarades de classe appartenant à une classe sociale bien supérieure à la sienne, il est taraudé par l'idée de devenir riche. En effet, son voisinage est alors essentiellement constitué de notables (médecins, avocats, banquiers, etc.) ou de familles ayant fait fortune dans la canne à sucre. Lui et son meilleur ami Mike, le fils de son futur père spirituel, font partie de ces élèves quelque peu mis à l'écart lors des fêtes organisées par les parents fortunés de leurs camarades. Cela ne les empêchera pas d'avancer tous deux vers un avenir exceptionnel : Mike reprendra les affaires commerciales fructueuses de son père et Robert deviendra multimillionnaire.

Ses premiers pas en entreprise

Après des études secondaires classiques dans une école publique, Kiyosaki intègre l'école militaire de la marine marchande des États-Unis et devient pilote d'hélicoptère de combat. Il opère ensuite pendant la guerre du Viêt Nam en 1972 et reçoit une médaille d'honneur pour ses loyaux services. Trois ans plus tard, il décide de quitter l'armée et obtient un poste de vendeur chez Xerox Corporation (société qui développe et vend des photocopieurs et des imprimantes, créée en 1938 au Connecticut), dans lequel il excelle, se plaçant régulièrement dans le top 3 des meilleurs employés.

Vient ensuite le moment pour lui de lancer ses propres entreprises, dans la vente et la distribution de produits textiles notamment (t-shirts et portefeuilles). Malgré une grande motivation, la brèche ne prend pas et il est contraint de quitter Hawaii, avec sa femme, pour chercher de nouvelles opportunités sur le continent. Il raconte même que durant cette période difficile, ils passent une année entière à dormir dans leur voiture, faute de moyens. Néanmoins, Kiyosaki ne tire pas un trait sur ses activités de businessman pour autant et se tourne vers l'investissement immobilier. Son flair lui donne raison, puisque c'est à ce moment-là, en dénichant des perles rares, qu'il acquiert une fortune considérable.

Mais il ne compte pas en rester là et continue d'investir dans divers secteurs : exploitation minière (or, argent cuivre, pétrole), assurance, énergie solaire, construction, marché financier, etc. Il crée même en 1997 une société nommée Cashflow Technologies qui édite ses livres et commercialise ses marques « Rich Dad » et « Cashflow ». Outre l'aspect pécuniaire, son but est de promouvoir l'éducation financière en proposant au public toute une série d'outils didactiques simples : jeux éducatifs, livres, émission TV, site web, etc. Fort de son succès commercial, il crée plusieurs clubs du jeu *Cashflow* à travers le monde.

BON À SAVOIR

Le jeu *Cashflow* est un jeu de société créé par Robert Kiyosaki dont le fonctionnement ressemble au *Monopoly*. Il a pour but de donner aux joueurs les clés fondamentales sur les matières comptables et économiques pour accéder à la liberté financière. Il est disponible en version physique et numérique.
Il est composé de deux couloirs, l'un à l'intérieur et l'autre à l'extérieur. Le but du jeu est de sortir du couloir intérieur – « le piège à rats » ou « la foire de l'empoigne » – et d'atteindre le couloir extérieur – « la voie à avancement rapide » – qui imite le comportement des bons investisseurs dans la vraie vie. Le joueur gagne lorsqu'il devient indépendant financièrement

La valeur éducative du jeu repose sur le développement de l'intelligence financière des joueurs : pouvoir trouver, en toutes circonstances, les ressources financières nécessaires à la réalisation de leurs projets en adoptant de bons réflexes d'investisseur. L'idée est de leur faire prendre conscience qu'ils perpétuent de mauvais comportements tout au long de leur vie et qu'ils laissent bien souvent passer de bonnes occasions d'investissement.

Bien entendu, ses placements financiers ne sont pas tous de grandes réussites, mais comme l'auteur le souligne à plusieurs reprises dans son livre, l'important est de savoir rebondir au bon moment tout en étant capable d'apprendre de ses erreurs.

Ses deux pères

L'élément marquant de sa vie est sans nul doute sa rencontre avec le père de Mike, le « père riche », rencontre qui déterminera le cours de son existence et qui le mènera à développer une pensée ultra-capitaliste. En effet, suite à sa demande, ce dernier lui enseignera les matières financières de manière approfondie.

À travers ce livre, Kiyosaki nous raconte ainsi l'histoire de ses deux pères : l'un pauvre, son père biologique ; l'autre riche, son père spirituel. Le premier, pourtant surdiplômé et haut fonctionnaire au ministère de l'Éducation, s'est retrouvé sans le sou à la fin de sa vie, laissant même quelques dettes en héritage. En revanche, le second, qui a arrêté l'école à l'âge de 12 ans pour travailler, a fait fortune en devenant l'un des hommes les plus riches d'Hawaii, et ce en partant de rien. Alors que l'un prône l'enseignement classique à tout prix, l'autre favorise l'apprentissage des rudiments techniques du monde des affaires.

Sa première leçon sur l'argent

Précoce, l'attrait de Robert Kiyosaki pour le business débute lorsqu'à l'âge de 9 ans, il demande au père de Mike de lui apprendre à gagner de l'argent. Accompagné de son ami, il commence alors à effectuer des tâches d'entretien et de rangement dans l'entreprise du papa riche pour une paie ridiculement basse. À peine quelques semaines plus tard et très mécontent de son salaire, Robert pense déjà à demander une augmentation ou à démissionner si la réponse lui est défavorable, suivant ainsi les conseils de son père pauvre. Le moment est venu pour son père riche de lui apprendre sa première leçon : certaines personnes travaillent uniquement pour l'argent et quittent leur emploi parce qu'elles ne sont pas suffisamment bien payées, tandis que les autres y voient l'opportunité d'approfondir leurs connaissances. Ce postulat sera poussé à son paroxysme peu de temps après puisque l'homme les fera travailler pour lui gratuitement afin que les deux garçons puissent trouver par eux-mêmes leurs propres sources de revenus. C'est le début d'une aventure commune entre un enfant et son père spirituel qui durera 30 ans.

Durant toute sa jeunesse, Kiyosaki apprendra de plus en plus à maîtriser le pouvoir de l'argent et à devenir un as de la gestion financière en étant capable, à l'âge de 16 ans, de tenir la comptabilité d'une entreprise grâce aux années passées à écouter parler des experts financiers en tout genre que son père riche employait pour ses diverses affaires (conseillers fiscaux, avocats, banquiers, courtiers en assurances, etc.). L'auteur raconte que ces conseils devenaient de plus en plus significatifs à mesure qu'il développait son professionnalisme chez Xerox. À travers cet emploi de vendeur, il gagnait beaucoup d'argent, mais il s'est rendu compte assez rapidement qu'il en faisait gagner encore plus à son patron. C'est à la suite de cette première véritable prise de conscience qu'il crée sa propre entreprise : une société de gestion de portefeuilles clients dans l'immobilier. En moins de trois ans, il génère plus de revenus avec sa petite entreprise qu'en huit années de carrière chez son employeur. En utilisant ainsi les leçons de son père riche, il devient indépendant financièrement, à tel point qu'il possède désormais suffisamment d'argent pour prendre sa retraite à un âge relativement jeune (47 ans).

CONTEXTE ET COURANT

Contexte économique

Le livre est écrit dans un contexte économique particulier : le passage au second millénaire est imminent, les modes de vie se voient bouleversés par l'avènement de la netéconomie (économie née du développement des sociétés Internet) et les économies de marché s'inscrivent, depuis une dizaine d'années, dans un système mondialisé et libéralisé dans lequel les frontières économiques tombent et deviennent de plus en plus anecdotiques.

De cette période charnière ressort, dans l'inconscient collectif, une volonté de s'enrichir et de créer du capital à tout prix. Ces notions d'argent progressivement omniprésentes dans la vie sociale des pays développés ont amené au développement d'un mode de vie consumériste impliquant un idéal capitalisé qui accorde une importance décroissante au bien-être de la personne. Néanmoins, au fil des années et plus précisément à la fin du XXe siècle, la notion de bien-être psychologique est réapparue et est devenue une préoccupation majeure au sein de la population.

L'écriture de ce livre s'inscrit dans cette idéologie où les matières économiques dominent la société et surplombent les autres domaines de compétences tout en accordant une attention particulière à l'aspect humain et à la confiance personnelle. De là prend sens la littérature sur le développement personnel qui donne des conseils et des clés de réussite pour lâcher prise, éveiller sa conscience intérieure ou encore dépasser ses peurs.

La littérature de développement personnel

L'engouement pour la littérature de développement personnel est un phénomène assez nouveau, qui a atteint son apogée à partir de 2000. Ce type de publication est pourtant apparu dès la fin des années soixante-dix aux États-Unis, lorsque les pertes de repères dues aux changements rapides de la société se sont fait ressentir au sein de la population des pays développés. Il fallait que les gens reprennent confiance en eux, puissent se recentrer sur eux-mêmes et trouvent un sens à leur vie – après s'être libérés des liens primaires de solidarité lors des Trente Glorieuses (période faste à forte croissance économique de 1945 à 1973).

Bien que l'on puisse faire remonter l'origine de ce genre littéraire à la philosophie antique, il prend son essor dans un contexte social et historique précis : celui des États-Unis d'après-guerres avec la propagation des théories psychanalytiques et l'avènement des sciences psychologiques. Avec l'apparition du New Age (courant spirituel dont la volonté est de transformer l'individu par l'éveil spirituel), l'attention du public commence à être attirée par le fonctionnement du psychisme humain et par la volonté de se projeter dans un avenir positif, sur fond de domination politique et économique, en mettant l'accent sur les notions de croissance et d'efficacité personnelle. Les ouvrages sur le développement personnel ne sont pas lus pour le plaisir, mais parce qu'ils suscitent une attente chez le lecteur qui recherche un moyen de découvrir ses ressources personnelles inexploitées. Le développement personnel se veut une réponse à la crise du monde moderne en perte identitaire.

PÈRE RICHE, PÈRE PAUVRE

RÉSUMÉ

Dans ce livre, l'auteur nous parle de l'importance de développer ses compétences sur la comptabilité et sur l'investissement pour pouvoir s'émanciper financièrement et éviter le cycle infernal de l'endettement. Pour illustrer ses propos, il divise son livre en six chapitres, chacun représentant une leçon spécifique sur l'argent tirée de ses propres expériences acquises grâce à ses deux pères.

Apprendre à dominer ses émotions

Pour son père riche, la vie réserve tellement de surprises qu'il faut savoir saisir les opportunités qui se présentent. Le but est d'apprendre à faire de l'argent un outil à son service. Beaucoup espèrent une augmentation salariale pour sortir de l'impasse financière, mais cette attente est inutile dans la mesure où le problème vient d'une réaction émotive (la peur) et d'un manque de jugement rationnel (la cupidité). La peur d'être sans le sou nous incite à travailler plus que nécessaire et la cupidité, représentée par la fiche de paie, nous incite à penser que l'on pourra acheter quantité de merveilles avec l'argent. C'est la peur qui dicte souvent nos actions et notre désir. C'est cette peur qui bloque l'élan professionnel et qui maintient dans l'idée que la meilleure manière de s'en sortir est de trouver un emploi stable et bien payé. Or l'engrenage métro-boulot-dodo qu'est le salariat est une solution à court terme – qui permet de manger à la fin du mois – pour un problème à long terme posant la question de la dépendance et de l'obligation sociale vis-à-vis du travail.

Même en étant riche, si on n'apprend pas à dominer ces deux émotions et à maîtriser le pouvoir de l'argent, les déboires seront les mêmes et nous ne serons que des esclaves très bien rémunérés.

Pourquoi enseigner l'abc du domaine financier ?

On peut gagner des millions du jour au lendemain et tout perdre tout aussi rapidement, comme c'est parfois le cas pour de jeunes athlètes à la retraite ou des gagnants du Loto. Ce ne sont pas les sommes d'argent que l'on gagne qui comptent, mais bien les sommes que l'on parvient à conserver.

La règle fondamentale est de connaître la différence entre un passif et un actif. Le simple fait de ne pas comprendre cette nuance est l'une des principales causes des déboires financiers.

> « Les gens riches acquièrent des actifs. Les pauvres et la classe moyenne acquièrent des éléments de passif mais ils croient que ce sont des actifs », explique son père riche (p. 79).

Ainsi, les actifs sont des acquis qui rapportent de l'argent (investissements, actions, biens fonciers, etc.) tandis que les éléments passifs (voiture, maison, objets, etc.) sont des dépenses qui perdront leur valeur et qui nécessitent un entretien coûteux. Pour l'auteur, être propriétaire d'une maison relève du passif, car cet investissement nous prend perpétuellement de l'argent, même avec un dégrèvement d'impôt, sans compter que la maison ne prendra pas forcément de la valeur dans le futur. Cet investissement ne fait donc que remplir la colonne des dépenses et augmente les occasions manquées de ne pas avoir investi dans un portefeuille de placements qui, lui, aurait pu faire fructifier le capital. L'auteur recommande ainsi de n'acheter une belle maison qui servira de domicile qu'à partir du moment où l'on perçoit une rentrée d'argent suffisante issue de ses actifs, ce qui permettra de ne pas acheter sa maison à trop grand crédit. Kiyosaki illustre cet état de fait par le biais de la situation financière de ses deux pères.

État financier de son père riche

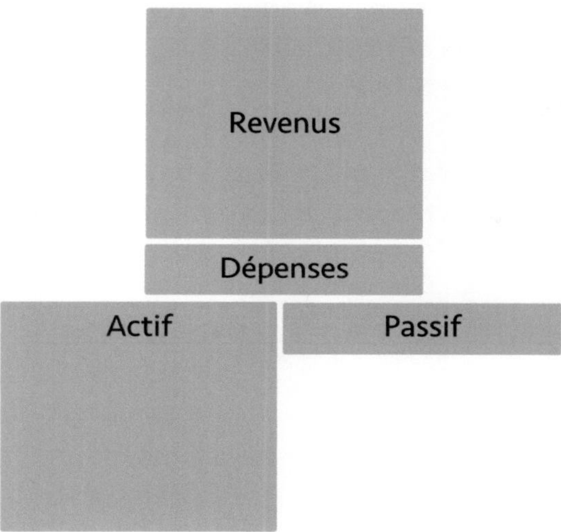

Chez lui, les revenus sont bien plus importants que les dépenses, tandis que les éléments de passif sont minimes grâce à une vie consacrée à investir.

État financier de son père pauvre

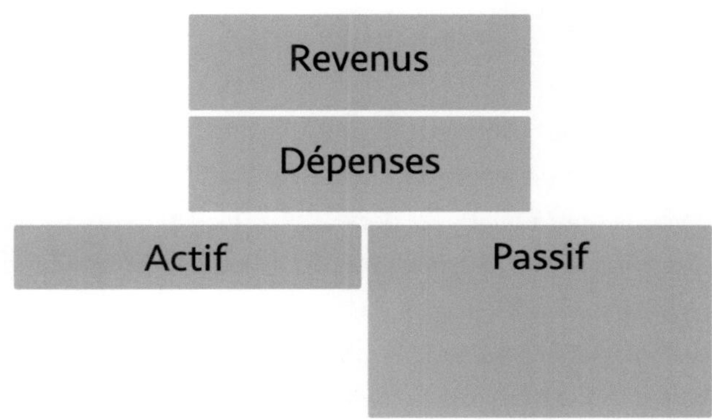

Chez son père biologique, les dépenses se maintiennent au niveau des revenus, ce qui ne lui permet pas d'investir dans des actifs. Les éléments de passif (carte de crédit, hypothèque, dettes, etc.) sont plus nombreux que ses actifs.

Conséquence de cette divergence de gestion : les « pauvres » augmentent leurs charges pendant que les riches deviennent plus riches.

Conséquence

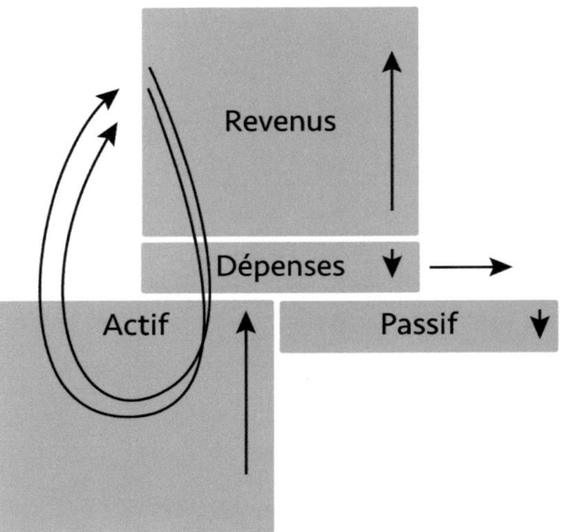

Ce schéma montre parfaitement pourquoi les riches dupliquent leur capital tout au long de leur vie : la case de l'actif génère suffisamment de revenus pour couvrir les dépenses et les éléments de passif, qui diminuent à mesure que ces revenus augmentent parce que le retour sur investissement s'accroît. Le coût des dépenses personnelles devient donc insignifiant puisque l'on possède suffisamment d'argent pour pouvoir se les payer sans s'endetter, et ce même si l'argent est gaspillé ou, en tout cas, mal utilisé ou mal investi (ce que représente la flèche vers la droite à côté de la case « Dépenses »).

Les fonds disponibles restants sont réinvestis continuellement dans la case de l'actif qui continue donc d'augmenter parallèlement. L'indépendance financière est acquise lorsque le revenu des actifs devient plus important que le salaire provenant d'un travail physique.

Occupez-vous de vos propres affaires

Outre les dépenses liées aux éléments de passif, beaucoup de personnes se retrouvent confrontées à des déboires financiers parce qu'elles travaillent toute leur vie pour quelqu'un d'autre. Quelqu'un qui travaille pour lui-même se réserve en quelque sorte un avenir serein, puisque ses revenus seront assurés par la colonne de ses actifs.

L'idée est de conserver son emploi de jour dans les premiers temps, d'acheter de véritables actifs dans un second temps et de veiller à ce que sa colonne d'actifs reste solide. L'auteur recommande par ailleurs d'investir dans des catégories que l'on affectionne tout particulièrement et qui peuvent être les suivantes :

- des entreprises qui ne demandent pas la présence de son propriétaire et qui sont capables d'être gérées par d'autres personnes, sinon cela deviendrait un emploi pour l'investisseur ;
- des actions et des fonds communs de placement (fonds gérés par une société de gestion de portefeuilles clients et détenus sous un régime de copropriété) ;
- des biens immobiliers destinés à la location ;
- et toute autre catégorie qui génère des revenus, prend de la valeur et trouve facilement un débouché.

Kiyosaki insiste sur le fait qu'il est nécessaire d'investir dans des affaires qui nous intéressent vraiment. De la sorte, il sera plus aisé d'appréhender les risques et les enjeux liés à notre actif et de ne pas tomber dans une lassitude qui mènerait à une mauvaise gestion. Il considère en revanche comme une erreur fatale le fait de lancer sa propre entreprise, à moins de le vouloir expressément et d'y être bien préparé, car la grande majorité d'entre elles sont vouées à l'échec dans les cinq ans qui suivent leur création.

À mesure que notre marge brute d'autofinancement (cash-flow) augmente, nous avons alors la possibilité de nous payer une envie coûteuse, car nous aurons d'abord édifié et consolidé la colonne de l'actif.

L'historique des taxes et le pouvoir des entreprises

L'histoire de Robin des Bois, qui vole les riches pour donner aux pauvres, séduit encore aujourd'hui. Pourtant, selon l'auteur, ce concept est la pire asphyxie qui soit pour les pauvres et la classe moyenne car, en vérité, il ne laisse aucune place à la véritable justice sociale et consolide même l'idée qu'il est normal pour la classe moyenne de payer plus d'impôts. C'est ainsi la classe moyenne qui paie pour les pauvres, et non la classe supérieure comme le laisse penser l'idéal du célèbre brigand.

BON À SAVOIR

À la naissance des États, ceux-ci ne prélevaient pas de taxes fixes, seulement des taxes temporaires servant à combler des coûts extraordinaires comme les guerres. Peu à peu, un impôt permanent sur le revenu a été instauré en Angleterre (1874) et aux États-Unis (1913), bien qu'il ait eu quelques difficultés à être accepté au sein de la population. Pour convaincre les pauvres et la classe moyenne de voter la loi autorisant l'impôt obligatoire, les Gouvernements n'ont pas hésité à présenter cet impôt comme ayant été exclusivement conçu pour capter une partie de la fortune des riches. Le problème est que l'appétit gouvernemental pour l'argent a été si vorace que des taxes ont bientôt dû être prélevées dans la classe moyenne et, de là, celles-ci ont fini par toucher les plus pauvres.

Plus l'appareil gouvernemental grandit, plus il faut avoir recours aux taxes pour le financer. La population riche, exerçant souvent des professions libérales, dispose de ressources légales plus nombreuses pour échapper aux impôts. L'optimisation fiscale en est une parfaite démonstration : le but du jeu est de rendre ses revenus invisibles aux yeux du fisc par l'intermédiaire de la création d'entreprises personnelles, d'investissements immobiliers, d'actions boursières, de l'acquisition de différents produits de placement (comme l'assurance-vie, l'assurance patrimoniale) ou encore au moyen de fondations diverses créées de toutes pièces. Ainsi, pour quiconque connaissant bien les sphères d'expertise liées aux rouages des marchés financiers et à la législation fiscale, il est aisé de prendre conscience du potentiel de richesse qu'elles recèlent.

Les riches engendrent de l'argent

> « Occuper un emploi représente un peu plus que d'être complètement à sec. » (vieil adage repris par l'auteur)

Selon Kiyosaki, les personnes qui restent enfermées dans des manières de penser et d'agir désuètes limitent leur choix en s'accrochant à de vieux idéaux. Au contraire, celles et ceux qui réussissent à s'adapter aux paradigmes modernes tirent leur épingle du jeu et savent comment forcer la chance pour transformer une cacahuète en millions.

Dans cette leçon, l'auteur nous apprend qu'il y a deux types d'investisseurs : les passifs, ceux qui achètent des packages tout prêts, et les actifs, ceux qui créent par eux-mêmes les meilleures opportunités. Certes, la deuxième catégorie s'expose à des risques beaucoup plus importants et demande un certain savoir-faire qui lui permettra d'identifier la meilleure occasion, mais elle aura l'avantage de bénéficier d'un rendement sur investissement beaucoup plus élevé.

Pour illustrer cette théorie, l'auteur s'arrête sur des astuces assez simples pour dégager un bénéfice net en un temps réduit : par exemple, acheter une maison saisie par la justice, pour laquelle la marge de bénéfice sur la revente sera importante, est une très bonne occasion pour engranger une coquette somme avec un faible risque et un capital de départ abordable.

Travaillez pour apprendre, ne travaillez pas pour l'argent

> « Il vaut mieux connaître un peu de tout que tout sur une seule chose », disait Léonard de Vinci (artiste et savant italien, 1452-1519).

Cette sixième leçon nous apprend justement qu'il est préférable de choisir un emploi dans lequel les possibilités d'apprentissage et d'approfondissement des connaissances sont grandes plutôt que de chercher la sécurité de l'emploi, le bon salaire ou les avantages y afférents, même et surtout si l'on souhaite devenir riche.

Les personnes mûres ont tendance à camper sur leurs acquis et ne se préoccupent pas d'apprendre de nouvelles compétences, car elles estiment, bien souvent à tort, qu'elles n'ont ni temps ni argent à dépenser en vain. Pourtant, quelques cours complémentaires en techniques de vente, de communication ou de marketing pourraient faire décoller leur entreprise ou leur projet professionnel. Les gens échouent généralement non pas à cause de ce qu'ils savent, mais à cause de ce qu'ils ne savent pas. De ce fait, prendre le temps de diversifier son capital de compétences n'a pas de prix et la personne récoltera à long terme les fruits de son investissement personnel. Il vaut mieux travailler pour approfondir et diversifier ses connaissances que travailler uniquement pour l'argent.

NOTIONS-CLÉS

Sortir du piège à rats

Le propos le plus important de l'auteur et celui qui résume le livre est son incitation à sortir de la « foire de l'empoigne » ou du « piège à rats » en utilisant au mieux son esprit et son temps pour créer sa propre richesse. La foire de l'empoigne est un concept imaginé par Kiyosaki, qui illustre le conditionnement sociétal qui nous est imposé dès le plus jeune âge et qui consiste à perpétrer un mode de vie conventionnel. Celui-ci est basé sur la réussite scolaire, la sécurité de l'emploi, une carrière stable, l'épargne classique et l'endettement. En effet, travailler dur et plus que nécessaire est souvent la seule voie qu'une personne connaisse pour engendrer des revenus, eux-mêmes épargnés puis utilisés pour l'obtention d'un crédit qui servira à acheter des produits ou des biens personnels.

Se dégager de l'attentisme chronique et passer à l'action

Trop souvent, les personnes attendent qu'une occasion rêvée vienne bousculer le cours de leur existence ou qu'une chance incroyable les fasse sortir de l'impasse financière. Selon l'auteur, dans la vie, il est nécessaire de prendre des risques et de ne pas les limiter par précaution. Atteindre la liberté financière nécessite ainsi quelques agissements tels que :

- réfléchir de manière approfondie sur sa situation économique personnelle en évaluant les points forts et les points faibles ;
- être créatif et en recherche perpétuelle de nouvelles idées d'investissement ou de moyens de générer de l'argent ;
- apprendre les rudiments de la finance et les notions-clés de l'économie par le biais de cours et de formations ;
- faire un travail sur soi-même afin de dominer les émotions liées à la peur de tout perdre et de ne plus pouvoir payer ses factures ;
- oser prendre des risques et ne pas rester sur ses acquis ;
- s'entourer d'investisseurs, d'entrepreneurs et trouver un mentor (une personne qui a déjà réalisé ce à quoi on tend) afin d'apprendre de leur expérience. Il conseille ainsi de ne jamais entreprendre un projet seul ;

- sortir des normes communément admises en agissant selon ses propres commandements et en faisant confiance à sa sagesse intérieure. Ainsi, la norme sociale nous pousse souvent à consommer plus que nécessaire (entre autres pour bien paraître aux yeux des autres), à s'endetter continuellement en ayant recours aux cartes de crédit et aux prêts, et nous pousse à adopter un mode de vie conforme au plus grand nombre (étudier, travailler, épargner, s'endetter, acheter). Cette norme permet assez peu de sortir des sentiers battus et de se poser des questions d'ordre existentiel qui dégageraient dès lors des pensées issues de ses propres convictions.

CRITIQUES DE SON APPROCHE

Dans l'ensemble, le livre est assez pertinent et regorge d'informations utiles qui poussent au dépassement de soi, à entreprendre des projets personnels et à passer à l'action. L'auteur, bien plus qu'un expert financier ou fiscal, est un très bon coach qui possède un véritable don pour motiver et encourager. À la fin de la lecture du livre, on a réellement envie de suivre ses conseils pour tout simplement vivre confortablement. Néanmoins, quelques critiques sont à signaler, posant la question de la légitimité de l'auteur, de l'irréalisme de ses propos, voire de l'amateurisme de ceux-ci.

Le journaliste Rob Walker a déclaré dans un article paru dans le magazine *Slate* que les allégations de Kiyosaki étaient souvent trop vagues et approximatives pour être prises au sérieux et que, par conséquent, ses propos relevaient plutôt de la fable que d'une analyse économique sérieuse. Il déclare également que le livre est un condensé de non-sens promouvant l'idée que Kiyosaki détient la clé de notre avenir financier en nous prodiguant ses judicieux conseils, et qu'il est truffé d'expressions faciles. Enfin, il déplore les conclusions de l'auteur sur les Américains qui auraient abandonné ce qui a fait le fondement de leur société et qui ne passeraient pas assez de temps à essayer d'atteindre le succès et la richesse, analyse que le journaliste considère comme hors de propos étant donné le patriotisme et le culte de l'héroïsme toujours très présents aux États-Unis.

Un des éditeurs du *New York Times*, Damon Darlin, déplore le caractère excessivement pécuniaire de l'auteur. En effet, il fait remarquer que ce dernier veut tirer un maximum de profits de tout ce qu'il dit (conférences de coaching), pense (le jeu Cashflow) ou écrit (25 livres ont été publiés dont 15 sont des déclinaisons de *Rich Dad, Poor Dad*, coécrits avec Sharon L. Lechter et ses conseillers financiers), ce qui enlève de la crédibilité aux propos tenus et aux leçons enseignées dans le livre. Certains autres critiques affirment même qu'il serait devenu riche principalement grâce à la vente de ses livres et non grâce à ses affaires professionnelles. Pour Damon Darlin, l'unique leçon apprise dans l'ouvrage est que si vous voulez devenir riche, mieux vaut écrire un livre qui révèle la pensée des millionnaires – bien qu'il trouve les conseils donnés contre-productifs parce qu'ils alimentent le fait que devenir riche ne serait qu'une question de mentalité et de conditionnement à penser comme une personne riche. Il poursuit son analyse en soulignant le détournement des livres d'investissement axés sur les stratégies des marchés financiers au détriment d'une écriture facile exposant les bases de l'investissement. Selon lui, il est même plus judicieux de lire des chroniques financières dans des journaux standards que de dépenser 25 $ dans l'achat de ce livre si l'on veut en apprendre davantage sur les principes de l'économie.

Enfin, le célèbre businessman américain John T. Reed, notamment connu pour ses nombreuses critiques incendiaires à l'égard d'investisseurs qui donnent des conseils économiques factices selon lui, s'en est pris violemment au livre de Kiyosaki, dénonçant la supercherie et l'illégitimité de ses propos. Il regrette, entre autres :

- la collection de vieux clichés sur l'argent (ex : les riches connaissent tous les rouages de l'économie, les pauvres dépensent abondamment dès qu'ils ont un peu d'argent entre les mains, etc.) ;
- la fausseté et le manque d'exactitude de ses propos sur les déductions fiscales et sur les taxes ;
- la promotion élogieuse de l'investissement risqué qui est extrêmement dangereuse pour un novice ;

- l'improbabilité de ses gains (beaucoup trop gros) après avoir déniché une bonne affaire immobilière ;
- et, apparemment, les mensonges récurrents sur sa vie personnelle qui sont impossibles à tracer. Ainsi, son mentor (« père riche ») serait totalement fictionnel ; ses revenus déclarés seraient exagérés et serviraient aux propos du livre ; la faillite de l'un de ses entreprises en 1985 n'aurait pas eu lieu et il aurait même menti sur des fonctions exercées lors de son passage à la marine marchande des États-Unis.

EXTENSIONS ET APPROCHES SIMILAIRES

Aux États-Unis, nombreux sont les coachs ou les « gurus » de l'économie qui donnent des conseils sur la gestion de son capital et s'expriment sur la réussite professionnelle fulgurante qui les ont amenés, pour certains, à une extrême aisance financière. Parmi l'un d'eux, on notera l'entrepreneur et écrivain américain Timothy Ferriss (né en 1977) qui possède une approche similaire à celle de Kiyosaki : à travers ses trois livres publiés, il prône l'autocréation d'entreprise et le travail pour soi-même. Il favorise en effet le changement radical du mode de vie, la réduction du temps de travail et la focalisation sur les tâches les plus rentables afin d'arriver à un bon équilibre de vie.

Le Canadien T. Harv Eker (auteur, coach et homme d'affaires né en 1954) aborde une démarche similaire et est très connu pour avoir dispensé de nombreux séminaires de coaching. Dans son livre phare *Les secrets d'un esprit millionnaire*, il fait la part belle à l'état d'esprit et aux attitudes mentales qui favorisent la richesse. Cette théorie façonne l'idée que nous possédons tous un script interne qui dicte notre rapport à l'argent et qu'en changeant cette perception personnelle, nous serions capables d'accumuler de la richesse. Finalement, ce livre enseigne au lecteur comment changer de l'intérieur sa façon de penser afin de fournir à ses finances personnelles le chaînon manquant qui ravivera sa recrudescence. Comme Robert T. Kiyosaki, Eker soutient l'idée que les pauvres croient à des préceptes économiques dépassés et qu'ils se concentrent principalement sur les obstacles de vie, tandis que les riches analysent toutes les possibilités financières qui s'offrent à eux pour davantage penser en termes de prospérité.

Donald Trump (né en 1946), le mégalomane, homme d'affaires et milliardaire américain, a lui aussi écrit quelques livres sur sa réussite professionnelle extraordinaire et la science de l'enrichissement. Dans ses livres *Comment devenir riche* et *Augmentez votre intelligence financière. Faites plus avec votre argent*, coécrit avec Robert Kiyosaki, il met en avant la nécessité d'acquérir une bonne éducation financière en dehors du parcours scolaire classique. Il est également préoccupé par l'appauvrissement des États-Unis et par la mentalité passéiste des citoyens qui consiste à attendre de leur pays qu'il prenne soin d'eux en leur fournissant un emploi, un statut social et une assurance santé.

En France, une autre approche est issue du best-seller *Tout le monde mérite d'être riche* (2006) d'Olivier Seban, dans lequel l'auteur enseigne des techniques pour mieux maîtriser son argent et pour éviter le cycle appauvrissant des crédits à la consommation.

Enfin, citons encore le livre d'Élise Franck, *Comment je suis devenue rentière en quatre ans*, et celui de Philippe Proudhon, *Stratégies pour devenir rentier en dix ans*, qui nous apprennent tous deux à investir dans des bonnes affaires immobilières avec un capital de départ assez modeste.

EN RÉSUMÉ

- L'enrichissement et la réussite ne sont pas réservés aux riches, pas plus que l'appauvrissement n'est le lot fatal des pauvres. Prendre des risques, être audacieux et aventurier sont des attitudes bénéfiques à avoir pour qui veut investir.
- Il est essentiel de bien comprendre la différence entre les dépenses qui rapporteront de l'argent (les investissements) et celles qui ne feront que le dilapider. En effet, beaucoup achètent des éléments de passif en pensant que ce sont des actifs créateurs de valeur. L'indépendance financière s'obtient lorsque les revenus sur investissements sont plus grands que les dépenses ou le salaire.
- Pour sortir de la « foire de l'empoigne », il vaut mieux se détacher des idées communément admises et suivre sa propre ambition, au risque de se voir endetté à vie à cause de la norme sociale qui promeut toujours plus de consommation et de crédit.
- Aucune éducation sur la gestion financière n'est enseignée dans les établissements scolaires. L'auteur raconte même qu'il a bien plus appris en écoutant les leçons de son père riche qu'en s'appliquant sur les bancs de l'école. Une personne peut être cultivée, instruite et couronnée de succès social ; elle ne fait pas pour autant un bon gestionnaire financier.
- Il ne faut pas travailler pour l'argent mais trouver les moyens de mettre l'argent à son service. Dans ce sens, beaucoup de gens travaillent dur, mais ne le font pas pour eux-mêmes : ils travaillent pour leur patron, ensuite pour le Gouvernement – par le biais des taxes et des contributions – et finalement, pour la banque auprès de laquelle ils ont contracté des crédits.

- Pour s'émanciper des contraintes financières imposées par les États, l'auteur conseille de connaître les lois et le fonctionnement du système, car on est trop facilement intimidé par la législation quand on est ignorant en matière de fiscalité.

- Le monde change. Par conséquent, il est nécessaire de se remettre sans cesse en question, d'apprendre à créer des opportunités financières originales et de ne pas limiter ses choix en se référant à de vieilles théories.

- Si vous voulez réussir en affaires, ne restez pas seul et entourez-vous de personnes aux compétences variées qui pourront vous aider !

- Ce que l'on sait compte davantage que ce que l'on achète. Une solide compréhension des matières financières est plus importante qu'un capital de départ, car c'est elle qui mènera à la duplication du capital, non l'inverse.

- S'enrichir intellectuellement dans tous les domaines tout au long de votre existence et faire un bilan personnel régulier seront vos meilleurs atouts pour choisir les bons investissements, pour diminuer votre temps de travail et pour jouir pleinement de la vie.

- Enfin, malgré les nombreuses critiques à l'égard de l'auteur et de son ouvrage, ce dernier a néanmoins le mérite d'être fondamentalement juste sur le fond. Le principe de ne pas dépenser son salaire aux quatre vents et de placer son épargne dans des produits d'investissement subtilement choisis, qui rapporteront des bénéfices continus, est exemplaire. Cette notion forme, certes, un basique de l'économie, mais elle n'est encore que trop peu suivie et intégrée.

Votre avis nous intéresse !

*Laissez un commentaire sur le site de votre librairie en ligne
et partagez vos coups de cœur sur les réseaux sociaux !*

POUR ALLER PLUS LOIN

SOURCES BIBLIOGRAPHIQUES

* AVILA (Jim), « Who Wants to Be an Entrepreneur ? », in *ABC News*, mai 2006, consulté le 27 juillet 2015.
http://abcnews.go.com/2020/story?id=1982669
* BREDOU (Alban Brice), « Les 5 plus belles perles de *Père riche, père pauvre* de Robert Kiyosaki », in *BredouAlbanBrice.net*, consulté le 3 juillet 2015.
http://bredoualbanbrice.net/5-plus-belles-perles-pere-riche-pere-pauvre-robert-kiyosaki/
* DARLIN (Damon), « Get Rich Quick, Write a Millionaire Book », in *The New York Times*, novembre 2005, consulté le 29 décembre 2015.
http://www.nytimes.com/2005/11/12/business/get-rich-quick-write-a-millionaire-book.html?_r=0
* EIGLE (Thibaud), « *Père riche, père pauvre* », in *Des Livres pour Changer de Vie*, janvier 2011, consulté le 2 juillet 2015.
http://www.des-livres-pour-changer-de-vie.fr/pere-riche-pere-pauvre/
* EIGLE (Thibaud), « *Père riche, père pauvre* », in *École des Finances Personnelles*, consulté le 3 juillet 2015.
http://www.ecole-des-finances-personnelles.fr/pere-riche-pere-pauvre/
* EIGLE (Thibaud), « *Père riche, père pauvre* : la suite », in *Mes Finances Mode d'emploi*, février 2011, consulté le 3 juillet 2015.
http://www.mes-finances-mode-demploi.fr/investir-2/le-monde-de-linvestissement-et-du-business/pere-riche-pere-pauvre-le-quadrant-du-cash-flow/

- G. (Olivier), « Pourquoi ce titre "*Père riche, père pauvre*" ? », in *Économiser et Investir*, mars 2013, consulté le 2 juillet 2015. http://www.economiseretinvestir.com/pere-riche-pere-pauvre-de-robert-t-kiyosaki/
- « J'ai lu *Rich Dad, Poor Dad* », in *CombattreLaCrise.fr*, août 2013, consulté le 27 juillet 2015. http://www.combattrelacrise.fr/jai-lu-rich-dad-poor-dad/
- Kɪyosaki (Robert T.), *Père riche, père pauvre. Ce que les parents riches enseignent à leurs enfants à propos de l'argent afin qu'il soit à leur service*, Québec, Un Monde Différent, 2001.
- Ratouis (Alix), « Pourquoi lisons-nous des livres de développement personnel ? », in *Le Point*, septembre 2014, consulté le 29 décembre 2015. http://www.lepoint.fr/societe/pourquoi-lisons-nous-des-livres-de-developpement-personnel-28-09-2014-1867320_23.php
- Reed (John T.), « John T. Reed's analysis of Robert T. Kiyosaki's book *Rich Dad, Poor Dad* », in *JohnTRreed.com*, septembre 2015, consulté le 29 décembre 2015. http://johntreed.com/blogs/john-t-reed-s-real-estate-investment-blog/61651011-john-t-reeds-analysis-of-robert-t-kiyosakis-book-rich-dad-poor-dad-part-1
- « Robert Kiyosaki », in *Famous Entrepreneurs*, consulté le 3 juillet 2015. http://www.famous-entrepreneurs.com/robert-kiyosaki
- Walker (Rob), « If I Were a Rich Dad », in *Slate*, juin 2002, consulté le 29 décembre 2015. http://www.slate.com/articles/arts/number_1/2002/06/if_i_were_a_rich_dad.html

SOURCES COMPLÉMENTAIRES

Du même auteur

Sous la maison d'édition Un Monde Différent :

- *Le quadrant du cashflow. Un guide pour atteindre la liberté financière*, 2002.
- *Guide pour investir*, 2005.
- *L'école des affaires. Pour les gens qui aiment aider les gens*, 2005.
- *Avant de quitter votre emploi. 10 leçons pratiques que tout entrepreneur devrait connaître s'il veut ériger une entreprise multimillionnaire*, 2007.
- *Nos enfants riches et brillants. Donnez un bon départ financier à vos enfants*, 2008.
- *Augmentez votre intelligence financière. Faites plus avec votre argent*, 2009 (coécrit avec Donald Trump).
- *L'entreprise du 21ᵉ siècle*, 2012.

Lectures recommandées

- EKER (T. Harv), *Les secrets d'un esprit millionnaire*, Gatineau (Québec), Éditions du trésor caché, 2006.
- FERRIS (Timothy), *La semaine de 4 heures. Travaillez moins, gagnez plus et vivez mieux !*, Montreuil, Pearson, 2010 (seconde édition).
- FRANCK (Élise), *Comment je suis devenue rentière en quatre ans sans héritage ni aide particulière*, Paris, Maxima Laurent du Mesnil, 2011 (quatrième édition).
- PROUDHON (Philippe), *Stratégies pour devenir rentier en dix ans*, Paris, Edouard Valys Éditions, 2010.
- SEBAN (Oliver), *Tout le monde mérite d'être riche*, Paris, Maxima Laurent du Mesnil, 2011 (troisième édition).

Éditeur responsable : Lemaitre Publishing
Avenue de la Couronne 382 | BE-1050 Bruxelles
info@lemaitre-editions.com

ISBN ebook : 978-2-8062-7511-0
ISBN papier : 978-2-8062-7512-7
Dépôt légal : D/2016/12603/90
Photo de couverture : © Ezio Gutzemberg - Fotolia.com

Conception numérique : Primento,
le partenaire numérique des éditeurs